W0323915

Alia Cardyn

Petit cahier d'exercices de digital detox

Illustrations Sophie Lambda

jouvence EDITIONS

Du même auteur aux éditions Jouvence

Petit manuel de survie dans la jungle du quotidien, 2014

Dans la même collection PETIT CAHIER

Petit cahier d'exercices pour mieux s'organiser et vivre sans stress, Christel Petitcollin, 2014

Petit cahier d'exercices pour sortir du jeu victime, bourreau, sauveur, Christel Petitcollin, 2014

Petit cahier d'exercices de stimulation des forces de guérison par l'amour, Anne van Stappen, 2014

Petit cahier d'exercices pour réguler son poids selon les thérapies comportementales et cognitives (TCC), Sandrine Gabet-Pujol, 2014

Petit cahier d'exercices de Communication non verbale, Patrice Ras, 2014

Petit cahier d'exercices pour pratiquer l'EFT, Maria-Elisa Hurtado-Graciet, 2014

Petit cahier d'acceptation de son corps, Anne Marrez & Maggie Oda, 2014

Petit cahier d'exercices de gestion des conflits, Patrice Ras, 2014

Petit cahier d'exercices d'efficacité personnelle, Yves-Alexandre Thalmann, 2014

Petit cahier d'exercices pour être Sexy, Zen et Happy, Christine Michaud, 2014

Catalogue gratuit sur simple demande

ÉDITIONS JOUVENCE
France : BP 90107 – 74161 Saint-Julien-en-Genevois Cedex
Suisse : CP 89 - 1226 Thônex (Genève)
Internet : www.editions-jouvence.com
Mail : info@editions-jouvence.com

© Éditions Jouvence, 2015

5ISBN 978-2-88911-577-8
Couverture : Éditions Jouvence
Mise en page : Stéphanie Roze
Dessins de couverture et intérieurs : Sophie Lambda

Tous droits de traduction, adaptation et reproduction réservés pour tous pays.

À mes enfants,

Je vous souhaite un monde plein de présence

à vous, aux autres, à la vie qui s'écoule.

....

Rappelez-vous votre vie il y a encore quelques années. Le monde était bien différent : partir une après-midi à vélo en famille impliquait obligatoirement d'être injoignables pendant quelques heures et, dans le meilleur des cas, d'écouter au retour les messages laissés sur un répondeur avec trois touches.

Est-ce que ce temps de déconnexion totale fait encore partie de votre quotidien ? Le charme d'un moment de simple présence aux autres vous manque-t-il ? Comment la technologie a-t-elle transformé votre vie ?

Loin de moi l'idée de vouloir régresser... **L'objectif serait plutôt de prendre le meilleur de la technologie sans qu'elle prenne le meilleur de nous !**

Le gsm, le smartphone, la tablette, les e-mails, les réseaux sociaux virtuels, la télévision, l'ordinateur et d'autres produits de la technologie ont envahi notre quotidien. Les bénéfices sont nombreux, notamment celui d'un usage plus « **rentable** » de notre temps et une meilleure communication de l'information en termes de temps, de quantité et d'audience. La technologie permet d'accroître notre rendement par une meilleure organisation des activités et par un dédoublement du temps*. Par exemple, le temps physique où l'on est assis dans une salle d'attente peut être utilisé à trier son courrier électronique ou à écouter sa messagerie. Cela n'est pas un conseil, juste un constat.

L'information est devenue immédiate, constamment disponible pour tous sur Internet, mais également communicable en un clic à une audience choisie via les e-mails ou les réseaux sociaux.

* Jaureguiberry F., « Les téléphones portables, outils du dédoublement et de la densification du temps : un diagnostic confirmé », tic&société (en ligne), n° 1, 2007, Vol. 1, p. 82.

Aujourd'hui, la rentabilisation du temps et l'omniprésence de la technologie se sont transformées en véritable norme pour un large pan de la société. Cette norme régit tant la vie privée que la vie professionnelle : beaucoup d'entre nous sont joignables, disponibles ou connectés la majeure partie de la journée avec le sentiment que cela est normal. Un bon test est d'observer comment vous vous sentez lorsque vous ne réagissez pas à un e-mail ou à un sms dans les 48 heures.

Quelle place donnez-vous aux outils digitaux ? Omniprésents pour certains ? Juste de bons outils pour d'autres ? Cette place est-elle encore un choix ou est-ce devenu un automatisme, un réflexe, voire une addiction ?

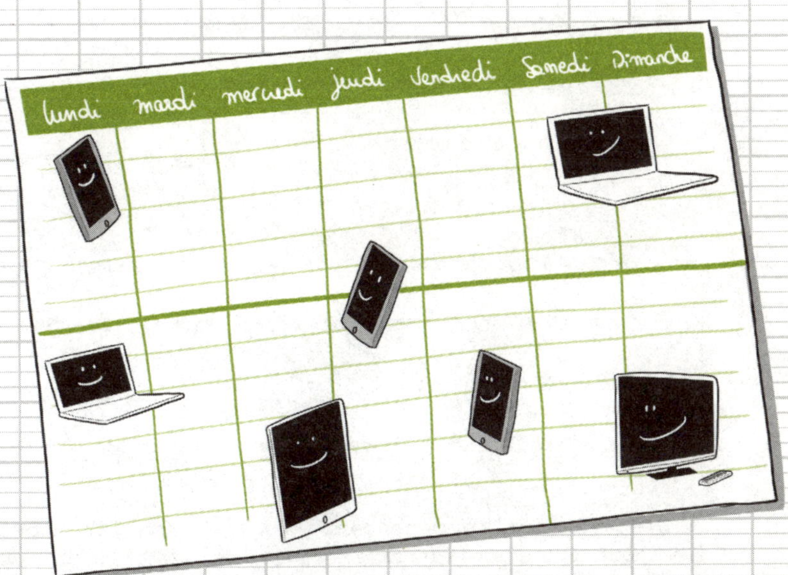

La réponse n'est pas sans conséquence. L'impact de la technologie sur notre façon de vivre est important. Elle influence nos relations aux autres, notre bien-être, le fonctionnement de notre cerveau et notre comportement.

Parce qu'il est profondément énergisant de choisir dans la vie, ce petit cahier d'exercices vous invite à créer une relation équilibrée avec la technologie, en passant notamment par une petite cure de détox*.

Pour créer cette relation, je vous guiderai à travers cinq étapes :

1. **Faire un état des lieux.** Connaître votre point de départ vous permettra de prendre conscience de votre niveau d'intoxication éventuelle et d'évaluer ensuite vos progrès (et de les célébrer !).

2. **Découvrir ce que vous pourriez gagner en ayant une relation à la technologie plus harmonieuse.** Ce point vous permettra de vous constituer une liste de boosters pour les éventuels moments de doute ou de manque.

* J'aborde ici la dépendance légère. Mon but n'est pas de traiter la dépendance qui nécessiterait un soutien et un accompagnement médical et/ou psychologique.

3. **Identifier vos objectifs et vos plus grandes forces** pour une détox de 21 jours. Savoir où l'on va, comment et pour combien de temps, est essentiel dans la réussite d'un challenge. L'être humain peut déployer une volonté incroyable surtout si c'est dans un cadre précis et pour un temps déterminé. Découvrir vos plus grandes forces vous aidera à faire face à ce défi.

4. **Faire l'expérience de 21 jours de détox**, selon les objectifs que vous vous serez fixés.

5. **Choisir votre nouvelle relation à la technologie.** Enrichi par votre prise de conscience et votre cure de détox, vous pourrez définir les termes de cette nouvelle relation.

Prêt pour la grande aventure ?

C'est parti !

Première étape : faites un état des lieux !

Établir votre état des lieux de départ est essentiel. Cela vous aide à prendre conscience de votre degré d'intoxication. Prendre le temps de vous observer et voir clairement votre situation peut s'avérer particulièrement mobilisateur. Vous serez peut-être surpris de découvrir certaines petites dépendances venues se greffer dans votre quotidien !

L'état des lieux vous permettra aussi d'évaluer vos progrès et de les célébrer, tant lors de la cure de détox que par la suite, dans la relation harmonieuse que vous aurez choisie. Souvent, lorsque l'être humain progresse, il considère le progrès comme « normal », acquis et oublie tout le chemin (parfois difficile) parcouru. Or, reconnaître ses progrès constitue un excellent « fuel » pour rester motivé, surtout dans les moments plus difficiles.

Pour un état des lieux de départ, prenez le temps de faire ces quatre exercices !

EXERCICE 1 :

Dans ce premier exercice, nous allons prendre le temps d'évaluer en détail votre relation aux divers produits de la technologie ! Il peut être difficile en tant qu'être humain d'avoir un regard objectif sur notre rapport au monde. Souvent, en fonction de notre personnalité, nous aurons tendance à exagérer ou à minimiser les choses. Le but de cet exercice est d'avoir une vision réaliste de la situation de départ.

Pendant trois journées représentatives de votre quotidien, indiquez le plus honnêtement possible les données demandées. Il est possible que vous soyez tenté d'adapter votre comportement habituel en réfrénant vos pulsions, car vous vous sentez, à juste titre, observé.

Essayez de rester le plus naturel possible. L'objectif n'est pas de vous juger, mais de vous faire une idée précise de votre relation à la technologie, pour savoir si vous souhaitez ou non la modifier.

VOUS ET LES E-MAILS

Coloriez une case ci-dessous chaque fois que vous consultez vos e-mails.

JOUR 1

Total du nombre de consultations : ...

JOUR 2

Total du nombre de consultations : ...

JOUR 3

Total du nombre de consultations : ...

VOUS ET VOTRE RELATION À LA TECHNOLOGIE

Une fois par jour, résistez à l'envie de consulter vos e-mails, votre portable, votre tablette ou autre. Fermez les yeux et observez ce qui se passe en vous. Ressentez-vous une tension (physique ou morale) ? Un sentiment positif ou négatif ? Un stress ? Autre chose ? Notez ci-dessous ce que vous observez.

JOUR 1

Quand je résiste, j'observe en moi :. . . . .
. . . .

JOUR 2

Quand je résiste, j'observe en moi :. . . . .
. . . .

JOUR 3

Quand je résiste, j'observe en moi :. . . . .
. . . .

VOUS ET INTERNET

Chaque fois que vous surfez sur Internet (y compris les réseaux sociaux virtuels), indiquez l'heure à laquelle vous commencez et celle à laquelle vous arrêtez. Faites cet exercice de façon rigoureuse et même lorsque vous ne consultez Internet que pour quelques minutes. Nous avons une tendance à sous-évaluer ou à surévaluer le temps passé à une activité, car cela dépend fortement de notre relation au temps et du plaisir que nous retirons de l'activité en question.

JOUR 1

Début : .... Fin : .... Temps de consultation : ....

Début : .... Fin : .... Temps de consultation : ....

Début : .... Fin : .... Temps de consultation : ....

Début : .... Fin : .... Temps de consultation : ....

Début : .... Fin : .... Temps de consultation : ....

Début : .... Fin : .... Temps de consultation : ....

Début : .... Fin : .... Temps de consultation : ....

Début : .... Fin : .... Temps de consultation : ....

Début : .... Fin : .... Temps de consultation : ....

Début : .... Fin : .... Temps de consultation : ....

Total du temps de consultation : ....

JOUR 2

Début : .... Fin : .... Temps de consultation : ....

Début : .... Fin : .... Temps de consultation : ....

Début : .... Fin : .... Temps de consultation : ....

Début : .... Fin : .... Temps de consultation : ....

Début : .... Fin : .... Temps de consultation : ....

Début : .... Fin : .... Temps de consultation : ....

Début : .... Fin : .... Temps de consultation : ....

Début : .... Fin : .... Temps de consultation : ....

Début : .... Fin : .... Temps de consultation : ....

Début : .... Fin : .... Temps de consultation : ....

Total du temps de consultation : ....

JOUR 3

Début : .... Fin : .... Temps de consultation : ....
Début : .... Fin : .... Temps de consultation : ....
Début : .... Fin : .... Temps de consultation : ....
Début : .... Fin : .... Temps de consultation : ....
Début : .... Fin : .... Temps de consultation : ....
Début : .... Fin : .... Temps de consultation : ....
Début : .... Fin : .... Temps de consultation : ....
Début : .... Fin : .... Temps de consultation : ....
Début : .... Fin : .... Temps de consultation : ....
Début : .... Fin : .... Temps de consultation : ....

Total du temps de consultation : ....

VOUS ET LA TELEVISION

Chaque fois que vous regardez la télévision, indiquez l'heure à laquelle vous commencez et celle à laquelle vous arrêtez. Pour les raisons précitées, prenez note de façon rigoureuse et ce, même pour les périodes de courte vision.

JOUR 1

Début : .... Fin : .... Temps de consultation : ....
Début : .... Fin : .... Temps de consultation : ....
Début : .... Fin : .... Temps de consultation : ....
Début : .... Fin : .... Temps de consultation : ....

Total du temps de consultation : ....

JOUR 2

Début : .... Fin : .... Temps de consultation : ....
Début : .... Fin : .... Temps de consultation : ....
Début : .... Fin : .... Temps de consultation : ....
Début : .... Fin : .... Temps de consultation : ....

Total du temps de consultation : ....

JOUR 3

Début : .... Fin : ....

Temps de consultation : ....

Début : .... Fin : ....

Temps de consultation : ....

Début : .... Fin : ....

Temps de consultation : ....

Début : .... Fin : ....

Temps de consultation : ....

Total du temps de consultation : ....

VOUS ET LA TECHNOLOGIE COMME PERTURBATEUR DE VOS INTERACTIONS

Coloriez une case chaque fois que votre attention est détournée par un produit de la technologie (portable, tablette, télévision, ordinateur, e-mail, sms, application, Internet, etc.) alors que vous êtes en interaction avec un autre être humain (bébé, enfant ou adulte).

JOUR 1																				

Total du nombre de consultations : ...

JOUR 2																				

Total du nombre de consultations : ...

JOUR 3																				

Total du nombre de consultations : ...

VOUS ET VOTRE PORTABLE

Coloriez une case chaque fois que vous prenez votre portable pour le consulter ou répondre à un appel.

JOUR 1

Total du nombre de consultations : ...

JOUR 2

Total du nombre de consultations : ...

JOUR 3

Total du nombre de consultations : ...

VOUS ET VOTRE TABLETTE

Coloriez une case chaque fois que vous prenez votre tablette pour la consulter.

JOUR 1

Total du nombre de consultations : ...

JOUR 2

Total du nombre de consultations : ...

JOUR 3

Total du nombre de consultations : ...

VOTRE MOYENNE JOURNALIÈRE

Pour chaque question, additionnez le total des trois jours et divisez-le par 3 pour obtenir votre moyenne journalière des trois journées d'observation.

VOUS ET LES E-MAILS

Moyenne journalière de consultations : ....
Si votre résultat est supérieur à 15, vous passez au moins 30 minutes par jour à ouvrir et fermer votre boîte e-mails. Et ces 30 minutes ne comprennent pas le temps de traitement de vos e-mails ni le temps nécessaire pour vous concentrer à nouveau sur la tâche qui vous occupait avant d'ouvrir vos e-mails.
Vous pourriez donc vouloir réduire ce temps et choisir ce point parmi vos objectifs de détox dans la troisième étape.

VOUS ET VOTRE RELATION À LA TECHNOLOGIE

Quand vous résistez, quel est le dénominateur commun dans ce que vous observez en vous au cours des trois jours ? Y a-t-il une réaction ou un sentiment prédominant ?

....

....

....

....

....

....

....

Si le dénominateur commun est une tension, un stress, de la colère, une difficulté à résister ou un autre ressenti peu agréable, il est probable que vous ne soyez plus libre dans votre relation à la technologie. Votre état des lieux vous aidera à déterminer sur quel(s) produit(s) de la technologie agir.

VOUS ET INTERNET

Moyenne journalière du temps de consultation : ....
Si vous passez plus d'une heure par jour sur Internet pour des raisons non professionnelles, vous pourriez vouloir réduire ce temps et choisir ce point parmi vos objectifs.

VOUS ET LA TELEVISION

Moyenne journalière du temps de consultation : ....
Si vous passez plus d'une heure par jour à regarder la télévision et qu'en répondant aux questions ci-dessous vous avez le sentiment que cela vous affecte d'une façon ou d'une autre, vous pourriez vouloir réduire ce temps et choisir ce point parmi vos objectifs.

VOUS ET LA TECHNOLOGIE COMME PERTURBATEUR DE VOS INTERACTIONS

Moyenne journalière du nombre de consultations : ....
Si votre résultat est supérieur à 5 et qu'en évaluant votre comportement (voir exercice 3 ci-dessous) vous réalisez que votre présence aux autres est affectée (vous êtes distrait, plus tendu, moins réceptif, moins à l'écoute ou autre), vous pourriez vouloir réduire le nombre de consultations et choisir ce point parmi vos objectifs de détox.

VOUS ET VOTRE PORTABLE

Moyenne journalière du nombre de consultations : ....
Si votre résultat est supérieur à 15 et qu'en répondant aux questions sous l'exercice 3, vous réalisez que cela vous affecte négativement, vous pourriez vouloir réduire le nombre de consultations et choisir ce point parmi vos objectifs de détox.

VOUS ET VOTRE TABLETTE

Moyenne journalière du nombre de consultations : ....
Si votre résultat est supérieur à 8 et qu'en répondant aux questions sous l'exercice 3, vous réalisez que cela vous affecte négativement, vous pourriez vouloir réduire le nombre de consultations et choisir ce point parmi vos objectifs de détox.

EXERCICE 2 :

Prenez quelques minutes pour vous écouter. Adoptez une position confortable pour vous (assis, allongé, dans un bain, dans la nature...), fermez les yeux et prenez le temps de respirer profondément. Ensuite, demandez-vous quel(s) est (sont) le(s) produit(s) technologique(s) que vous ressentez comme plus addictif(s) pour vous. Écoutez ce que vous dit votre intuition, peu importe ce que votre cerveau ou les trois jours d'observation vous indiquent.

Coloriez-le(s) pour fixer l'attention de votre cerveau sur ceux-ci dans une approche plus créative. N'hésitez pas à vous lâcher, passé les maternelles, il n'y a plus d'obligation de « ne pas dépasser » !

EXERCICE 3 :

Répondez aux questions qui vous concernent.

1. Comment vous sentez-vous depuis l'apparition de votre petite dépendance à un ou plusieurs produits de la technologie ? Votre comportement ou votre personnalité sont-ils modifiés, même légèrement ? Par exemple, vous surprenez-vous souvent à vous interrompre dans une tâche pour en accomplir une autre ?

....

....

....

2. Comment est votre sommeil depuis l'apparition de votre petite dépendance à un ou plusieurs produits de la technologie ?

....

....

....

....

3. Comment est votre relation à la nourriture depuis l'apparition de votre petite dépendance à un ou plusieurs produits de la technologie ou lors de l'usage de l'un d'eux ?

....

....

....

....

4. Quelle autre information est importante pour compléter votre état des lieux ?

....

....

....

EXERCICE 4 :

En vous aidant des informations recueillies aux exercices 1 à 3, décrivez précisément la ou les petites dépendances sur lesquelles vous souhaiteriez travailler. Il ne s'agit pas de définir un objectif mais juste d'expliquer avec vos mots comment vous vivez votre relation aux produits de la technologie dont vous vous sentez le plus dépendant suite aux exercices 1 à 3. Pour rappel, cette étape est particulièrement utile pour évaluer vos progrès par la suite.

....

....

....

....

....

....

....

....

....

DEUXIÈME ÉTAPE :
découvrez ce que vous pourriez gagner en ayant une relation à la technologie plus harmonieuse !

Se libérer d'une habitude ou d'une petite dépendance peut être difficile. En effet, une petite dépendance peut venir combler un manque, parer à un ennui, nous distraire en cas de coup dur ou encore nous éviter de faire face à un vide et aux questions existentielles qui peuvent le remplir. Il est donc essentiel de se constituer une liste de boosters pour nous motiver quand c'est nécessaire.

Quelles sont les raisons qui vous motivent à changer votre relation à la technologie ? Pour le savoir, explorez la question !

Commencez par dresser votre liste de boosters !

Que gagneriez-vous à être plus libre face à la technologie et à ne choisir de l'utiliser que quand vous le souhaitez vraiment ? Du temps, de l'énergie, de la créativité ? Et du temps pour quoi ? Apprendre ? Vivre ? Danser ? Ou encore pour une autre activité peu ou pas explorée ?

Dressez la liste des bénéfices. Dans votre réflexion, pensez aux bénéfices qui en découlent pour tout le monde ainsi qu'à ceux qui vous seront spécifiques. Par exemple, arrêter de consulter votre smartphone aurait un effet bénéfique pour les relations de tous et pour vous personnellement, il en aurait un supplémentaire : cela vous apportera plus de paix au quotidien puisque cet arrêt éliminera un sujet de conflit avec votre partenaire.

Formulez les bénéfices sans utiliser la formulation négative, car notre inconscient ne la connaît pas. Ainsi, lorsqu'il lit : « Je ne serai plus fatiguée », il comprend : « Je serai fatiguée », ce qui n'est pas très productif pour votre démarche...

Faites, à la page suivante, la liste que vous pourrez relire pour vous motiver !

Mes boosters sont...

Exemple : J'aurai plus de temps pour moi ! Temps que je pourrai utiliser à…

....

....

....

....

....

....

....

....

....

....

....

Complétez la liste de vos boosters en découvrant les bénéfices d'une relation harmonieuse à la technologie !

Une relation plus harmonieuse pourrait également vous offrir les cadeaux suivants.

Lisez ci-après les bénéfices que pourraient vous apporter une relation à la technologie plus équilibrée et ceux dont vous rêveriez pour votre quotidien !

Plus de temps : le temps est un bien précieux. Or, la technologie peut s'avérer particulièrement chronophage. Il peut être difficile de se déconnecter de conversations passionnantes sur les réseaux sociaux, d'interrompre des jeux vidéo ou encore de ne pas continuer à consulter un Internet qui prodigue des informations à l'infini ! La technologie est très attrayante. Et sans même s'en apercevoir, une heure s'est écoulée ! Sur ce point, votre état des lieux vous aura peut-être fait prendre conscience de l'importance du temps perdu chaque jour. Récupérez la maîtrise de votre temps et profitez de ce merveilleux cadeau !

Plus de douceur dans le quotidien : lorsque la technologie prend trop de place dans une vie, un sentiment peut croître, celui que chaque minute devrait être rentabilisée, que quoiqu'on fasse, nous n'en faisons pas assez. Cela génère des hésitations entre la multitude d'activités possibles, des réflexions en boucle sur comment mieux faire/ faire davantage et éventuellement une culpabilité sourde qui peut grandir avec le temps. Et cela ne concerne plus uniquement la sphère professionnelle, mais contamine la sphère privée. La technologie n'est évidemment pas la seule responsable de cette rentabilisation à tout prix, mais elle y contribue en permettant d'être tout le temps disponible pour tout le monde. En choisissant notre relation à la technologie, nous pouvons apprendre à nous déconnecter et à nous rendre disponible seulement à la douceur de vivre !

DOLCE VITA

Un cerveau plus performant : votre cerveau est façonné notamment par la place que vous donnez à la technologie. Celle-ci peut vous être très bénéfique lorsqu'elle est à votre service dans un usage modéré. Lorsque la modération n'est plus au rendez-vous, plusieurs conséquences vous guettent. Par exemple, vous pouvez connaître des difficultés d'apprentissage, de mémorisation ou de concentration sur un sujet consulté sur Internet. Les hyperliens et le flot d'informations contenus sur une page Internet rendent difficile une lecture linéaire avec une attention approfondie. Au contraire, l'envie est grande de sauter de lien en lien en opérant une lecture superficielle scannant le contenu pour se concentrer sur ce qui vous attire le plus. Cela demande aussi de prendre constamment une décision quant à l'importance de ce qui est scanné.

Dans son livre Internet rend-il bête ?, Nicholas Carr explique que les « gens qui pratiquent la lecture linéaire comprennent mieux, se souviennent et apprennent mieux que ceux qui lisent des textes farcis de liens* ».

Par ailleurs, avec l'utilisation accrue des ordinateurs et notamment des correcteurs d'orthographe, nous ne mobilisons plus notre mémoire pour orthographier

* Carr N., Internet rend-il bête ?, Paris, Robert Laffont, 2011.

les mots correctement. Certains étudiants chinois commenceraient même à avoir des difficultés pour écrire les caractères, les ordinateurs complétant automatiquement le caractère après quelques traits*. Notre mémoire n'est plus recrutée, mobilisée et à force, elle se perd.

* Dembosky A., « Cerebral Circuitry », Financial Times, January, 2013.

Une plus grande productivité en s'offrant des moments sans interruption !

La technologie est aussi source d'interruptions car elle nous rend en permanence disponible et nous connecte à une quantité infinie d'informations.

Quand vous ne respectez pas un usage modéré de la technologie, vous pouvez rencontrer progressivement une difficulté à accomplir une tâche de bout en bout. Avez-vous le sentiment de vous interrompre souvent, même si rien n'est venu vous distraire ?

Les alertes sonores, hyperliens, pops-up, publicités sont fréquents sur Internet. Cédric Biagini explique que « l'ordinateur nous plonge dans un écosystème de technologies d'interruption*. Ces sursollicitations cognitives favorisent un état de constante distraction** ». Votre cerveau peut se focaliser davantage sur les sollicitations immédiates avec pour résultat une chaîne

* Propos repris du bloggeur Cory Doctorow, cité par Carr N., « Internet rend-il bête ? », Paris, Robert Laffont, 2011.

** Biagini C., L'Empire numérique – « Comment Internet et les nouvelles technologies ont colonisé nos vies », Montreuil, Éditions L'Échappée, 2012.

d'événements de ce type : « Je rédige un document lorsqu'un collègue entre dans mon bureau. Je m'interromps pour répondre à sa question. Le téléphone sonne, j'interromps ma réponse pour y répondre. » Et ainsi de suite. L'advenant supplante l'existant*.

Tout cela n'est pas sans conséquence : les interruptions peuvent s'avérer nocives pour votre efficacité et influent aussi sur notre quotient intellectuel ! Ainsi, sur base de dizaine d'études, le Dr Glenn Wilson du **King's College University of London** a démontré que les interruptions réduisent temporairement le quotient intellectuel et ce, de manière équivalente à la réduction que l'on connaît après une nuit blanche**.

Il a précisé que c'est plus du double de la réduction de quotient qui suit l'usage de marijuana. Les interruptions fréquentes nous donnent aussi le sentiment de ne pas avancer, ce qui peut influer sur la reconnaissance que nous nous donnons et qui est notre fuel pour avancer. Ainsi, nous sommes souvent plus fatigués à la fin d'une matinée

* Jaureguiberry F., op. cit., p. 90.

** Wainwright M., « E-mails ‹pose Threat to IQ› », The Gardian, April, 2005.

remplie d'interruptions : notre attention doit sans cesse changer d'objets, se réadapter, ce qui demande du temps et de l'énergie.

En retrouvant une relation modérée et harmonieuse avec la technologie, vous vous donnez les moyens de vous concentrer sur une tâche et de l'achever avant de commencer la suivante.

Un meilleur sommeil : *une étude américaine* récente confirme que la lumière bleue émise par de nombreux appareils numériques (iPad, smartphone) influe sur notre sommeil. En effet, elle diminuerait le taux de mélatonine, hormone induisant le sommeil. Un usage avant le coucher pourrait donc perturber l'endormissement. Pour cette raison et parce qu'ils sont sources d'interruptions, exclure ces appareils de la chambre à coucher contribuera à un sommeil de meilleure qualité.*

* Wood B., Rea M., Plitnick B., Figueiro M., « Light Level and Duration of Exposure Determine the Impact of Self-Luminous Tablets on Melatonin Suppression », Applied Ergonomics (Elsevier), Volume 44, Issue 2, March 2013, pages 237–240.

Une efficacité et un bien-être accrus en faisant une chose à la fois. Nous sommes nombreux à accomplir (ou vouloir accomplir) plusieurs tâches à la fois : attendre son tour au supermarché en consultant ses e-mails, téléphoner en conduisant, allaiter en chattant sur un réseau social, prendre un bain de soleil en écrivant des sms, skyper en faisant la vaisselle, etc. Le mythe selon lequel nous serions plus performants en "multi-taskant" connaît aujourd'hui ses limites. Une étude récente révèle que 25 à 50 % des gens se sentent dépassés ou en burn out au travail. Ce n'est pas seulement le nombre d'heures de travail qui est en cause, mais aussi le temps en continu où une personne doit jongler avec trop de tâches en même temps*. Être pleinement présent à une chose à la fois a de tels bienfaits qu'une technique a été créée sur cette base : « la pleine conscience » ou « mindfulness**. » Elle est enseignée dans de nombreux pays dans le monde et est aussi recommandée en cas de stress, burn out et dépression***.

* Schwartz T., « The Magic of Doing one Thing at a Time », Harvard Business Review, March, 2012.

** Kotsou I., « Petit Cahier d'exercices de pleine conscience », Éditions Jouvence, 2012.

*** Pour une étude sur les bienfaits de la pleine conscience sur huit semaines (notamment sur l'immunité) : Davidson R. J. and others, « Alterations in Brain and Immune Function Produced by Mindfulness Meditation », Psychosomatic Medicine, 2003, 65: 564-570.

Faire une chose à la fois augmenterait donc notre bien-être et, de façon plus surprenante, ne diminuerait pas notre efficacité, au contraire. Une équipe de chercheurs de l'université de Vanderbilt a étudié l'impact du multitasking sur l'efficacité : il nous ralentit et augmente les probalités de faire des erreurs*. D'autres expériences ont révélé que les multitaskers sont moins performants lorsqu'il s'agit de filtrer les informations non pertinentes, changer de tâches, et sont moins efficaces pour jongler avec différents problèmes**.

Je ne fais QUE marcher

* Lohr S., « Slow Down, Brave Multitasker and don't Read This in Traffic », The New York Times, March 2007 : Le résultat est une perte de temps (même s'il ne s'agit que d'une seconde) plutôt qu'un gain !

** Richtel M., « Your Brain on Computers – Attached to Technology and Paying a Price », NYTimes.com.

Une meilleure connaissance de soi : consulter fréquemment ses e-mails, ses profils sur les réseaux sociaux ou Internet peut être aussi un moyen d'échapper à soi. Les moments de simple présence à soi deviennent plus rares avec l'afflux croissant d'informations et la multiplicité des moyens de communication. Serions-nous moins outillés à les vivre ? Dans ce silence peuvent venir se loger des questions non réglées. Cela peut être des soucis personnels difficiles à solutionner voire même à aborder ou encore les questions existentielles que tout être humain rencontre (Quel est le sens de la vie ? Comment appréhender la mort ?). Délaisser régulièrement la technologie pour « simplement être » nous permet de construire une relation profonde et riche avec soi.

Tout simplement, plus de présence à la vie :

la technologie nous emporte fréquemment dans un autre monde. Depuis cette planète, il nous arrive de ne plus entendre les autres, nos amis, nos proches, nos enfants. Même lorsque nous nous déconnectons et revenons au réel, nous pouvons manquer de présence, une partie de nous étant restée là-bas. Abandonnons fréquemment notre vie virtuelle pour exister vraiment.

Troisième étape : identifiez vos objectifs et vos forces pour une détox de 21 jours !

Lors des deux premières étapes, vous avez pris conscience de votre relation actuelle à la technologie et découvert les nombreux bénéfices qu'une relation plus harmonieuse pourrait vous apporter. Pour créer cette nouvelle relation et retrouver votre capacité à choisir face à la technologie, je vous propose de faire une détox de 21 jours.

L'idée n'est pas de se priver de toute la technologie pendant cette période (sauf si tel est votre souhait), mais de vous fixer certains objectifs clairs et précis sur base de votre état des lieux. En effet, savoir où l'on va, comment et pour combien de temps est essentiel dans la réussite d'un challenge. L'être humain peut déployer une volonté incroyable, surtout si c'est dans un cadre précis et pour un temps déterminé.

Vos objectifs pour 21 jours !

Choisissez un moment de calme, isolez-vous et définissez vos objectifs comme suit :

- Relisez les réponses que vous avez formulées dans l'état des lieux.
- À l'aide des informations récoltées, identifiez un à trois points sur lesquels vous aimeriez agir. N'hésitez pas à combiner les intelligences de votre cerveau et de votre instinct pour choisir ces points.

Exemple :

Je choisis d'agir sur ces trois points :

- Je me sens dépendant de la télévision.
- Je ne peux m'empecher de consulter mes e-mails toutes les 10 minutes.
- Je suis en permanence joignable sur mon portable et réponds dès que l'on m'appelle.

- Pour ces points, définissez des objectifs clairs et précis. Il s'agit de vous libérer d'une légère dépendance donc cela peut être un peu désagréable. Il ne faut toutefois pas vous faire violence en plaçant la barre trop haut. Optez pour un objectif réalisable, mesuré et adapté à vos vies professionnelle et privée. Voyez ce qui est possible pour VOUS, peu importe ce dont les autres sont capables.

Exemple :

- Au cours des 21 jours, je regarderai la télévision seulement pendant deux soirées et ce, pendant une durée de 1 h 30 maximum à chaque fois.
- Pendant 21 jours, je consulterai mes e-mails au plus trois fois par jour à horaires fixes décidés à l'avance : 11 h, 15 h et 18 h.
- Pendant 21 jours, j'éteindrai mon portable aux moments suivants :
  - pendant les repas
  - de 20 h à 8 h
  - pendant les rendez-vous (privés / professionnels)
  - quand je suis avec mes enfants ou mon compagnon
  - pendant les activités (sport, culture, fêtes…)
  - pendant au moins une des deux journées du week-end

Mes objectifs pour ces 21 jours sont :

....

....

....

....

....

....

....

....

....

....

....

....

....

....

Identifiez vos plus grandes forces pour faire face à ce défi !

Connaître ses forces est essentiel pour tenir bon dans l'adversité. En plus, selon Martin Seligman*, exercer ses plus grandes forces est source d'épanouissement. Je vous propose donc d'exercer vos plus grandes forces lorsque vous rencontrez des difficultés à suivre vos engagements de détox. Il existe de nombreuses forces : la curiosité face au monde qui nous entoure, l'humour, l'ouverture d'esprit, la ténacité, la capacité à s'adapter, l'honnêteté, la gentillesse, l'empathie, la patience, le courage, l'endurance, la générosité, la capacité d'organisation, etc.

Quelles sont vos plus grandes forces ? Passez en revue les qualités et choisissez celles qui vous correspondent le plus. Si vous manquez d'inspiration, demandez à un ou deux

* Lire notamment : Seligman M., La Fabrique du bonheur – Vivre les bienfaits de la psychologie positive au quotidien, Paris, Interéditions, 2011, ou son célèbre article disponible sur Internet « Why are Lawyers so Unhappy? »

proches bienveillants de vous aider. Choisissez ensuite vos cinq plus grandes forces. En général, une grande force ne demande que peu ou pas d'effort. C'est comme une évidence, c'est « vraiment vous ». Vous êtes plein de vie et heureux lorsque vous les exercez.

Mes cinq plus grandes forces sont...

méticuleux(se) attentionné(e) gentil(le)

courageux curieux(se) solidaire

drôle réfléchi(e) volontaire

généreux(se) rapide endurant(e)

loyal(e)

optimiste créatif(ve)

organisé(e) empathique

tenace honnête patient(e)

QUATRIÈME ÉTAPE : faites l'expérience de 21 jours de détox !

En 21 jours, délaissez vos petites dépendances et recommencez à choisir réellement ! Votre objectivité retrouvée contribuera à mettre en place des règles de vie plus épanouissantes. Commencez votre détox dès que vous aurez défini vos objectifs. **Le premier pas posé donne souvent l'énergie pour accomplir les autres !**

Coloriez une case par jour de détox !

1	2	3	4	5
6	7	8	9	10
11	12	13	14	15
16	17	18	19	20
21				

Si vous avez envie de craquer...

Craquer est tellement naturel, surtout lorsqu'il s'agit d'un automatisme bien ancré dans votre quotidien. Soyez doux avec vous-même et tentez de tenir bon. Relisez la liste de vos boosters (voir la deuxième étape) et, si nécessaire, affichez-la aux endroits cruciaux (dans votre maison et sur votre lieu de travail).

Aux moments critiques, respirez en concentrant votre attention sur le chemin que prend l'air en vous. Fermez les yeux et tentez de déceler les éventuelles tensions dans votre corps. Enfin, posez-vous deux questions :

- « Quelle est l'émotion qui prend le plus de place en moi ? »
- « Quelle est ma plus grande envie à ce moment précis ? »

Ensuite, voyez comment vous pourriez remplacer l'objet technologique de vos envies par le monde réel. Par exemple, si votre envie est d'aller sur Facebook, cela parle peut-être de votre souhait d'être entouré ou en relation avec les autres. Dans ce cas-là, vous pourriez choisir d'appeler ou de voir vos amis.

À vous !

Je remplace mon envie de ....
par .... et par .... !

Je remplace mon envie de ....
par .... et par .... !

Je remplace mon envie de ....
par .... et par .... !

Je remplace mon envie de ....
par .... et par .... !

Je remplace mon envie de ....
par .... et par .... !

Je remplace mon envie de ....
par .... et par .... !

Faites aussi appel à vos plus grandes forces. Comment peuvent-elles vous aider à traverser ce moment plus délicat ? Et n'oubliez pas, tout moment désagréable a un début, un milieu et une fin !

Saisissez l'opportunité de vous connaître mieux : faites une pause pour découvrir votre besoin réel !

Lorsque l'envie de craquer se fait encore plus forte, prenez un temps pour vous asseoir, respirer profondément et vous demander : « Au fond, de quoi ai-je réellement besoin ? » Une petite dépendance est souvent la réponse facile, mais peu adéquate à un besoin ignoré. Elle peut être inadéquate car elle répond peu ou mal à votre besoin. Par exemple, beaucoup de télévision le soir pourrait être une tentative de répondre à un besoin de ralentir, de faire une pause. C'est un "quick fix"* que l'on choisit pour répondre à un besoin réel et important pour soi. Pourtant, ce "quick fix" ne répond que superficiellement ou temporairement au besoin. Dans l'exemple, le besoin de ralentir peut être rencontré dans l'instant,

* Solution facile et rapide qui ne règle pas forcément le problème en profondeur.

mais il ne l'est pas en profondeur si notre quotidien demeure frénétique. Tenter de se libérer d'une petite dépendance vient mettre en lumière un besoin essentiel et non rencontré. Saisissez cette opportunité de reconnaître ce besoin et choisir ou non d'y répondre vraiment.

Ainsi, dans notre exemple, la détox pousserait à s'interroger : « Comment répondre à mon besoin de ralentir dans mon quotidien* ? »

C'est à ce moment-là qu'un beau challenge devient aussi tout doucement une quête de soi.

Vos pensées sont envahies par votre petite dépendance : apprenez à calmer votre cerveau en ébullition !

Si vous vous surprenez à penser souvent à l'objet de vos petites dépendances, faites comme nombre d'employés chez Google** : apprenez à méditer ! En s'adonnant à cette

* Pour travailler ce point, vous pouvez aussi lire du même auteur : Cardyn A., « Petit Manuel de survie dans la jungle du quotidien pour les femmes d'aujourd'hui », Jouvence, 2014.

** Chade-Meng Tan et d'autres ont créé un programme basé sur la méditation en pleine conscience « Search Inside Yourself » auxquels des milliers de salariés chez Goggle participent. Pour en savoir plus : Tan C.-M., Connectez-vous à vous-même, une nouvelle voie vers le succès, le bonheur (et la paix dans le monde), Paris, éd. Belfond, 2014.

gymnastique de l'esprit, vous pourrez apaiser votre mental et diriger votre attention plus agréablement.

La méditation est un temps de retour à soi, en concentrant son attention sur une chose (souvent la respiration) et en tentant de ne pas s'accrocher aux idées et pensées qui défilent. Les bénéfices de la méditation sont nombreux* et elle est recommandée désormais par de nombreux médecins et hôpitaux. Entre autres, la méditation semble contribuer à :

- Diminuer le stress et la rumination et augmenter la sérénité.

- Une meilleure concentration et une plus grande créativité.

* Pour lire plus sur ce thème, voyez les excellents ouvrages suivants : Servan-Schreiber D., « Anticancer – Les gestes quotidiens pour la santé du corps et de l'esprit », Paris, Robert Laffont, 2007 ; Williams M., Teasdale, J., Segal Z., et Kabat-Zinn J., « Méditer pour ne plus déprimer – La pleine conscience, une méthode pour vivre mieux », Paris, Odile Jacob, 2009 ; Hanson R., Mendius R., « Le Cerveau de Bouddha – Bonheur, amour et sagesse au temps des neurosciences », Paris, Les arènes, 2011 ; André C., « Les États d'âmes, un apprentissage de la sérénité », Paris, Odile Jacob, 2009.

Réduire la pression artérielle, améliorer le sommeil et l'immunité.

Nous poser comme observateur de ce qui se passe en nous (émotions, sensations physiques) d'abord au cours de la méditation et puis, avec la pratique, au cours de la journée.

Se poser quelques minutes pour se concentrer sur sa respiration peut constituer un réel défi. Il faut souvent attendre quelques sessions pour que le calme s'installe. Sentir son dos bien droit et tonique, ses épaules relâchées et en soi, le doux et régulier passage de l'air. Le regard se pose différemment sur la vie, un chemin pour une rencontre avec soi.

Voici les instructions pour une méditation basée sur le souffle (il existe différentes techniques) :

1. Tout d'abord, si vous avez des difficultés ou problèmes psychologiques, n'entamez pas une pratique de méditation sans avoir consulté au préalable votre médecin traitant ou celui qui vous suit. Bien qu'elle soit prescrite par certains médecins et psychiatres, la méditation consistant notamment à se concentrer sans autres formes de distraction n'est pas adéquate pour tous ou à tout moment de vie.

2. Trouvez un endroit calme où vous ne serez pas distrait. Si vous êtes au bureau, fermez la porte et mettez votre téléphone sur silencieux.

3. Asseyez-vous confortablement avec le dos bien droit. Vous pouvez vous asseoir en tailleur (avec pour plus de confort un coussin ou un bloc dur sous les fesses) ou sur une chaise, les pieds sans chaussures bien à plat sur le sol.

4. Fermez les yeux.

5. Concentrez votre attention sur votre respiration, observez comment l'air entre et ressort. Recommencez à chaque inspiration.

6. Lorsqu'une pensée survient, prenez-en conscience et concentrez-vous à nouveau sur votre respiration. Ce va-et-vient entre une nouvelle pensée et votre respiration peut se produire toutes les secondes. L'important est de réaliser que vous pensez, pas de réussir à ne penser à rien pendant plusieurs minutes.

Quand les pensées sont nombreuses, vous pouvez les imaginer comme des nuages traversant notre ciel et les regarder passer.

7. Gardez un bloc-notes à vos côtés pour y coucher les idées qui viendraient pendant la méditation et vous permettre ainsi de vous concentrer à nouveau.

8. Méditez le nombre de minutes qui est juste et possible pour vous. S'il est par exemple compliqué d'intégrer dix minutes dans votre emploi du temps, vous pouvez aussi choisir de méditer 2-3 minutes à différents moments de la journée à la maison ou au bureau. Essayez aussi de tester quel est le moment le plus propice pour vous pour méditer (le soir, le matin ?). Votre pratique doit être adaptée à votre réalité et à vos besoins.

9. Si vous n'avez pas médité autant que vous le souhaitiez (pas tous les jours ou pas autant de minutes que vous aviez prévu), restez dans une « *attitude méditative* » par rapport à cela, en acceptant simplement là où vous êtes sans vous culpabiliser.

10. L'attitude méditative, c'est aussi être présent à soi, à la vie et aux autres. Vivre une chose à la fois. Se concentrer sur ce qu'on ressent, écoute ou fait. La méditation déborde alors de son cadre pour devenir une philosophie de vie.

11. Acceptez la pratique de la méditation avec ses hauts et ses bas : tout est bien. Exit tout jugement ! Vive l'ouverture !

CINQUIÈME ÉTAPE : choisissez votre nouvelle relation à la technologie !

Enrichi par votre prise de conscience et votre cure de détox, explorez maintenant les termes de votre nouvelle relation !

Que retenez-vous de votre détox ?

Une détox de 21 jours avec un petit ou grand changement est une expérience intéressante qui nous apprend sur nous-même et sur notre vie. À la fin des 21 jours, vous pouvez décider d'emporter un élément de cet apprentissage, comme on rapporte dans son quotidien un souvenir de vacances. Cela peut être une diminution ou même une élimination de la petite dépendance, ou bien juste le fait de savoir que l'on est capable de s'en dégager... C'est donc possible de s'endormir sans ces deux heures de télévision... !

Choisissez une petite chose que vous pouvez intégrer facilement dans votre quotidien. Une petite chose bonne pour vous. Un petit pas oui, mais un petit pas important pour votre liberté.

La petite chose que je souhaite changer dans mon quotidien est...

....

....

....

....

....

....

....

....

....

....

....

....

Gardez une relation saine à la technologie en vous créant des temps de déconnexion !

Votre prise de conscience et la détox qui a suivi vous auront rendu une liberté totale ou partielle. En effet, ils auront gommé certains réflexes et automatismes pour les remplacer par une capacité à choisir : « Est-ce que je souhaite réellement consulter mon portable maintenant ? »

Comment conserver ce précieux cadeau ? En vous offrant régulièrement des temps de déconnexion.

Dans ces temps de déconnexion, vous êtes présent à vous-même, à ceux qui vous entourent et à ce que vous faites sans risque de voir votre attention détournée par un portable, un e-mail, une télévision ou un autre produit de la technologie.

Si votre fonction le permet, ils sont également des atouts dans le cadre professionnel. En effet, se concentrer sur la même tâche pendant un temps suffisamment long (une à deux heures) optimalise notre fonctionnement. Cela nous apporte :

Plaisir : car nous plongeons dans un projet et pouvons (finalement !) avancer.

Créativité : car les idées ont le temps d'émerger.

Calme : car nous permettons à notre cerveau et à notre être de se poser.

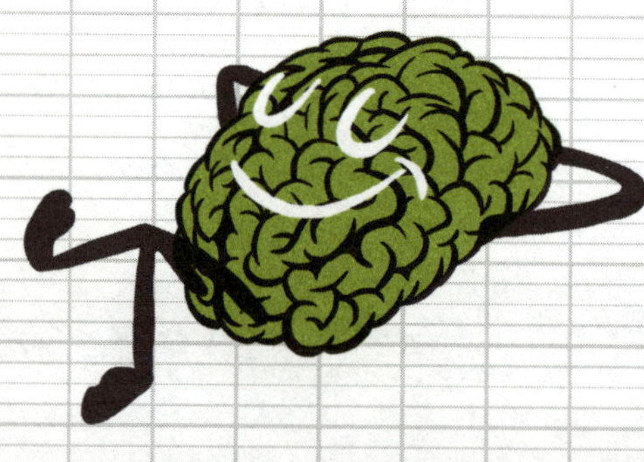

Pour que ces temps de déconnexion fassent partie de votre quotidien, prévoyez maintenant quand et comment les créer. Si votre motivation baisse en lisant ces lignes, relisez **la liste de vos boosters** (voir la deuxième étape) pour vous rappeler pourquoi il est essentiel pour vous d'avoir une relation équilibrée à la technologie.

Vous pouvez organiser différents types de déconnexion. Par exemple, une déconnexion totale (vous êtes totalement injoignable) ou une déconnexion partielle (vous êtes joignable seulement par téléphone (non par e-mail) et seulement pour un cas d'urgence. Faites appel à votre créativité et à votre instinct pour déterminer comment et quand ces temps doivent s'intégrer dans votre quotidien.

Je prévois des temps de déconnexion partielle et totale en...

Exemples :

Déconnexion totale :

- Mettre le portable sur silencieux ou l'éteindre pendant les loisirs.
- Interdire portable, tablette, télévision, etc. pendant les repas.

Déconnexion partielle :

- Désactiver l'alarme sonore et/ou visuelle indiquant un nouvel e-mail (e-mail apparaissant sur l'écran, petite enveloppe dans le coin). Je suggère souvent que cette mesure soit définitive. Vous pouvez prévoir de consulter vos e-mails à heure fixe selon ce qui est nécessaire dans votre cas.
- Dévier votre téléphone fixe vers un collègue ou une secrétaire ou le brancher sur répondeur.

....

....

....

....

....

....

....

....

....

....

....

....

....

Trouvez vos propres astuces sans avoir peur d'être original. Dans un cours, une assistante avait partagé son idée pour limiter le nombre de ses e-mails : elle demandait à ses patrons de ne jamais écrire un e-mail juste pour la remercier. À la place, elle leur suggérait de prendre le temps une fois par mois de la remercier en personne.

Ces temps de déconnexion auront lieu

Exemple :

- Déconnexion partielle : tous les jours de 8 h à 10 h pour travailler sur mes dossiers complexes.
- Déconnexion totale : tous les dimanches, une fois par mois tel jour ou une fois par jour de 19 h à 21 h ou tout autre horaire qui peut s'intégrer en douceur dans mon quotidien.

....
....
....
....
....
....
....
....
....
....
....
....
....
....
....
....
....
....

Prévoyez ces temps de déconnexion dans votre agenda, comme tout rendez-vous important. Cela vous aidera à vous y tenir !

Vous souhaitez aller encore plus loin ? Définissez de nouvelles règles de vie !

Votre détox de 21 jours vous a donné un avant-goût d'une vie légèrement différente. Consacrez une heure de votre temps pour en extraire le meilleur et l'insuffler dans votre quotidien.

Commencez par vous défouler en dansant deux minutes sur votre musique préférée. Au plus fou au mieux. Ensuite, asseyez-vous en tailleur ou dans un fauteuil confortable les pieds bien à plat sur le sol. Fermez les yeux. Pendant quelques minutes, revisitez ce temps de détox. Concentrez-vous sur les moments qui ont été pour vous une révélation. Peut-être avez-vous fait une découverte ? Peut-être qu'après un léger sevrage, vous avez expérimenté une richesse de la vie jusqu'alors inexploitée ? Pendant un instant, goûtez à nouveau à ces cadeaux en revivant ces moments en détail.

Ouvrez les yeux et prenez des crayons de couleur pour dessiner les images qui symboliseraient au mieux ces moments.

Il faut que ces images aient un sens pour vous, peu importe si elles sont compréhensibles ou non pour les autres. Si le dessin n'est pas votre fort, optez pour des symboles simples, des mots ou des phrases dispersés comme vous le sentez (et que vous pourrez colorier ou non). Le but : mettre votre mental en vacances et faire appel à votre créativité et à votre intuition !

À vos crayons !

Une fois votre oeuvre terminée, prenez votre cahier et déplacez-vous. Choisissez un endroit où vous vous sentez particulièrement détendu : la nature, un bain, une pièce agréable et familière, un fauteuil devant une oeuvre qui vous touche, bref un espace dans lequel vous vous sentez bien. Et admirez votre oeuvre en vous posant une question : **comment pourrais-je intégrer ceci dans mon quotidien ?**
Prenez votre temps. Si nécessaire, laissez cette question en suspens pendant quelques jours, la vie donne souvent d'elle-même les réponses.

Transformez vos éléments de réponse en nouvelles règles de vie.

À vos crayons !

Mes nouvelles règles de vie sont...

Exemples de règles que vous pourriez mettre en place :

- Méditer 5 minutes par jour.
- Bannir la technologie de certains lieux ou moments de vie.
- Consulter ses e-mails maximum une fois par heure.
- Avoir un juste équilibre entre lecture papier et lecture Internet (en imprimant les pages à lire) pour profiter des bénéfices des deux : lecture approfondie avec mémorisation et concentration accrues versus aller le plus rapidement possible à l'essentiel...

....

....

....

....

....

....

....

....

....

....

....

....

....

....

....

....

....

Belle vie à vous !

Achevé d'imprimer en janvier 2015
sur les presses de la Nouvelle Imprimerie Laballery
58500 Clamecy
Dépôt légal : janvier 2015
Numéro d'impression : 501181

Imprimé en France

La Nouvelle Imprimerie Laballery est titulaire de la marque Imprim'Vert®